AF370910

LE LYS,

BALLET ALLEGORIQUE

POUR

LA CONVALESCENCE

DE MONSEIGNEUR

LE DAUPHIN.

Manibus date Lilia plenis.

A PARIS,

Chez SEBASTIEN JORRY, Imprimeur Libraire
Quay des Augustins, aux Cigognes.

M. DCC. LII.

AVEC APPROBATION ET PERMISSION.

EPITRE

A MONSEIGNEUR

LE DAUPHIN.

AGE de la Félicité
Pour un Empire qui t'adore,
Des doux rayons de la *Santé*
Ton augufte Front fe colore ;
Puiffe cette nouvelle Aurore
T'annoncer l'Immortalité.
Les plus redoutables tempêtes
Ont produit le plus beau moment :
Que de tranfports & que de fêtes
Naîtront d'un feul Evénement !
L'Amour, ingénieux Protée,
Par cent déguifemens divers

A ij

Délivre la FRANCE agitée

De l'effroi du plus grand revers,

Et peint à ton ame enchantée

L'allégreſſe de l'Univers.

C'eſt lui dont la main applaudie

Enflamme les foudres de Mars,

Et d'une pompeuſe harmonie

Fait retentir mille remparts.

C'eſt lui dont l'adreſſe ſe jouë

De la plus ſombre obſcurité,

Et qui de ſon flambeau ſecouë

Ces feux que Phébus même avouë,

Ces feux qu'un peuple tranſporté

Contemple, admire, & te dévouë.

Tantôt par de tendres accens

Enviés des ſublimes Sphéres,

Il te peint nos ardeurs ſincéres;

Tantôt par le plus pur encens

Il paye à tes Dieux tutélaires

Tous les plaiſirs que tu reſſens.

C'eſt l'amour enfin dont les flammes

Pénétrent pour toi les eſprits;

Et font paſſer dans nos Ecrits

EPITRE.

Les transports qu'éprouvent nos ames.

Ton sort règle notre destin.

Quand tu mourois, un noir venin

Couloit en nous de veine en veine ;

Quand tu revis, un feu divin

Echauffe l'heureuse hypocréne,

Et mille Arions sur la Seine

Sont sauvés par un seul DAUPHIN.

Qu'ils se disputent la victoire ;

Et que leur noble empressement

Du plus heureux événement

Orne les Fastes de Mémoire.

Ils briguent le prix de la gloire,

Et moi le prix du sentiment.

Daigne, PRINCE, daigne à ce titre

Agréer mes foibles travaux.

Que ton goût juge mes rivaux ;

Mais que ton cœur soit mon arbitre.

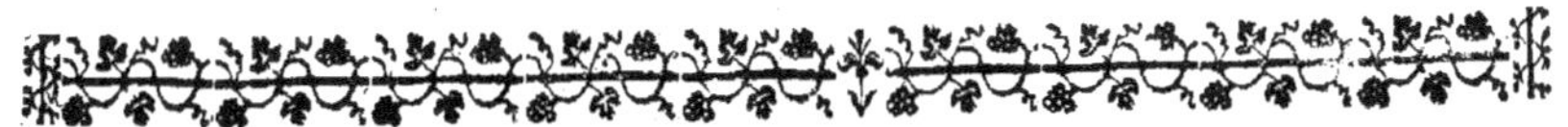

ACTEURS.

FLORE.

PHEBUS.

BORE'E.

LE DIEU DE LA SEINE.

COMPAGNES DE FLORE.

NYMPHES DE LA SEINE.

SUITE DE BORE'E.

LE LYS,

BALLET ALLEGORIQUE

Le Théâtre repréſente les Jardins de FLORE. On voit cette Déeſſe (1) aſſiſe ſur un trône de fleurs. Auprès d'elle s'élève un (2) LYS, qu'elle regarde avec complaiſance. A côté de ce LYS brille une (3) ROSE qui partage les regards de la Déeſſe.

(1) LA FRANCE.

(2) Monſeigneur le DAUPHIN.

(3) Madame la DAUPHINE.

SCENE PREMIERE.

FLORE.

BRILLANT Pere du Jour, dont la chaleur féconde

Au gré de mes deſirs anime ces beaux lieux,

Parmi tant de tréſors dont mon empire abonde,

Vois-tu rien de plus cher que ce Lys précieux,

Les délices de Flore, & l'ornement du Monde ?

Il fixe mon cœur & mes yeux :

Je le cultiverai moi-même.

Que m'importe Tempé ? qu'irois-je faire aux Cieux ?

Je fuis auprès de ce que j'aime ;

Où pourrois-je être mieux ?

Brillant pere du jour dont la chaleur féconde,

Au gré de mes défirs anime ces beaux lieux,

Parmi tant de tréfors dont mon empire abonde,

Vois-tu rien de plus cher que ce Lys précieux

Les délices de Flore, & l'ornement du Monde ?

C'eft un gage pour ton bonheur,

Dieu de la Seine, & pour ta gloire :

Quel climat oferoit difputer la victoire

A tes bords honorés d'une fi belle fleur ?

Epanche dans fon fein tes ondes fugitives ;

Entretiens ce premier éclat :

Et fi ton cœur n'eft point ingrat,

Fais murmurer tes flots, & treffaillir tes rives.

*On voit jaillir une fontaine qui arrofe le Lys, &
le Dieu de la Seine paroît dans le fond du Théatre
appuyé fur fon Urne.*

SCENE

SCENE II.

FLORE, LE DIEU DE LA SEINE.

LE DIEU DE LA SEINE.

Deesse, qu'il m'est doux de contempler de près
Les dons que ce séjour doit à votre puissance !
La plus vive reconnoissance
Est au-dessous de vos bienfaits.
Le pouvoir de Protée & le sort de Neptune
N'ont rien qui tente mes desirs ;
Ce Lys, trésor unique, en faisant mes plaisirs
Au Faîte de la gloire éleve ma fortune.

FLORE.

En travaillant pour vous, j'ai satisfait mon cœur.
Jamais fleur ne dut être, & ne fut plus chérie ;
Mille autres autour d'elle ont perdu leur couleur
Parmi les poisons de l'envie :
Celle-ci, par mes soins, fut toujours embellie ;
Apprenez si j'ai sçu bien placer ma faveur.
Dès le moment où l'aurore
Ouvre la porte au matin,
Je souris au Lys divin

B

Qui m'enchante & que j'adore.

Pour me plaire, il se colore,

Et sa tige ouvrant son sein,

De la trop heureuse Flore

Semble connoître la main.

LE DIEU DE LA SEINE.

Le plaisir qu'on éprouve à répandre des graces

N'en peut diminuer le prix :

Pour jamais en mon cœur vos bienfaits font écrits ;

Ils y vivront autant que les fleurs sur vos traces.

FLORE.

Quand on peut embellir l'objet de son amour,

On est payé par l'Amour même.

Cultiver ce Lys chaque jour,

C'est pour moi le plaisir suprême :

Quand on peut embellir l'objet de son amour,

On est payé par l'Amour même.

LE DIEU DE LA SEINE.

Que le Ciel toujours juste & sensible à nos vœux,

Jeune Divinité, protége votre ouvrage

Contre les efforts & la rage

De l'Aquilon tumultueux.

FLORE.

Quel nom.....tout mon cœur en soupire ;
Il a réveillé ma terreur.
Hélas ! j'ai trop souvent éprouvé la fureur
D'un Tyran l'ennemi de tout ce qui respire ;
Mais s'il doit ravager le plus brillant empire,
Qu'il épargne au moins cette fleur.

LE DIEU DE LA SEINE.

Il la respectera ; dissipez cette crainte.
Vous, mes Nymphes, venez par des concerts charmans
Rendre à de plus doux sentimens
Une ame de frayeur atteinte.

FLORE.

Et vous, témoins heureux d'un innocent plaisir,
Compagnes de mes soins, troupe aimable & fidelle,
Célébrez ma flamme nouvelle,
Tourment du volage Zephir.

SCENE III.

FLORE, LE DIEU DE LA SEINE, COMPAGNES
DE FLORE, NYMPHES.

LE CHOEUR.

Flore, ta magnificence
Inſtruit les Dieux & les Rois :
Tu ne chéris ta puiſſance
Que pour acquérir des droits
Sur notre reconnoiſſance.
Tous tes pas ſont marqués par des préſens divers ;
Que dans ces belles retraites
Nos voix ſervent d'interprêtes
A l'Amour de l'Univers.

UNE COMPAGNE DE FLORE.

Brille à jamais dans ces campagnes,
Jeune Lys, charme de nos cœurs ;
Et triomphe des autres fleurs
Comme Flore de ſes Compagnes.
Tu mérites de régner.
L'on voit ta tige ſuperbe
S'embellir ſans dédaigner

Les fleurs qui rampent fur l'herbe;

Tu mérites de régner.

UNE NAYADE.

Rofe par Zephir enlevée

Aux climats que glace le Nord;

Rofe par l'Amour réfervée

Pour honorer cet heureux bord:

Que vous êtes digne d'envie!

Vous vivez près d'un Lys charmant,

Et tous deux à chaque moment

Vous voyez votre ardeur fuivie

D'un tendre épanouiffement.

LE CHOEUR.

De nos champs à jamais la gloire eft affurée.

Echos, ondes, oifeaux, répétez nos tranfports.

Rions des lâches efforts

De l'impétueux Borée;

Echos, ondes, oifeaux, répétez nos tranfports;

De nos champs à jamais la gloire eft affurée.

Le Théâtre s'obfcurcit.

FLORE.

Quel nuage imprévu vient d'obfcurcir le jour?

LE DIEU DE LA SEINE.

Je reconnois Borée au deuil de ce féjour.

FLORE.

Borée ... hélas ! Flore eft perduë.

Le cruel me pourfuit encor ;

Par qui ferai-je défenduë ....

Veillons du moins fur ce tréfor.

Flore & le Dieu de la Seine s'approchent du Lys ;
& femblent étre repouffés.

FLORE.

Je n'en puis approcher.....

LE DIEU DE LA SEINE.

Quelle force indomptable,
Quelle invifible main m'arrête ainfi que vous !

FLORE,

Un tourbillon infurmontable
Entraîne nos pas malgré nous,

ENSEMBLE.

Dieux ! fauvez cette fleur aimable
Des traits d'un barbare couroux.

LE CHOEUR.

Dieux ! fauvez cette fleur aimable
Des traits d'un barbare couroux.

Flore & ses Compagnes, le Dieu de la Seine & ses Nym-
phes sont dispersés par l'impétuosité de Borée.

SCENE IV.

BORE'E, *Suite.*

Fuyez, dispersez-vous, Rivaux que je déteste.
Vos mépris insolens sont venus jusqu'à moi.
Votre frayeur me vange, & ma rage funeste
   Va justifier votre effroi.

     (*à sa Suite.*)
   Ministres de ma puissance,
   Détruisez ces ornemens ;
   Soufflez ici la vengeance,
   Soulevez les Elémens.

LE CHOEUR.

   Soufflons ici la vengeance,
   Soulevons les Elémens.

Les Vents se déchainent sur le Théâtre, & y excitent
une tempête.

BORE'E.

   Que tout se confonde
   Sous mes traits puissans ;
   Que le Ciel inonde

Ces tréfors naiffans ;

Qu'à mes vœux preffans

La foudre réponde.

L E C H OE U R.

Que tout fe confonde

Sous nos traits puiffans ;

Que le Ciel inonde

Ces tréfors naiffans ;

Qu'à nos vœux preffans

La foudre réponde.

B O R E'E.

Quoi ! ce Lys fi cher

Vous réfifte encore ?

Ne laiffez à Flore

Qu'un regret amer.

L E C H OE U R.

Ne laiffons à Flore

Qu'un regret amer.

Le Lys fe flétrit & céde à la tempête.

B O R E'E.

Que tout fe confonde

Sous mes traits puiffans ;

Que le Ciel inonde

Ces

Ces trésors naissans ;

Qu'à mes vœux pressans

La foudre réponde.

C'est assez exciter de tumulte & d'horreur ;

Tout a péri sur ces rivages.

Je suis vangé ; goutons les fruits de ma fureur,

Et portons ailleurs les ravages.

Il s'envole.

SCENE V.

FLORE *seule.*

OU traîner mes pas incertains !

Un noir pressentiment me saisit & me trouble ;

L'orage diminue, & mon effroi redouble ;

Je n'ose m'éclaircir des malheurs que je crains.

(Elle s'approche du Lys.)

Que vois-je … Dieux cruels, vous perdez ce que j'aime !

Par l'Aquilon fougueux ce Lys est renversé !

Moment affreux ! Moment extrême !

Son éclat est flétri, mon bonheur est passé.

Hélas ! dans un âge si tendre,

Faut-il, aimable fleur, voir finir tes beaux jours !

C

Je gémis, je soupire, & tu ne peux m'entendre !

Tu meurs... & je n'ai plus que d'impuiffans fecours !

Hélas ! dans un âge fi tendre,

Faut-il, aimable fleur, voir finir tes beaux jours !

SCENE VI.

FLORE, LE DIEU DE LA SEINE.

LE DIEU DE LA SEINE.

Vos cris ont ébranlé mes retraites profondes ;

Quel trifte événement fait couler tant de pleurs,

Tribut effrayant pour mes ondes ?

FLORE.

Dans ces lieux défolés tout vous dit mes malheurs.

LE DIEU *regardant le Lys.*

J'en ai trop vû, grands Dieux ! Quel changement funefte,

Et comment tant d'attraits fe font-ils effacés !

Mes yeux, mes triftes yeux, foyez toujours fixés

Sur cet objet marqué par la fureur célefte.

Il expire, & je vis. . . . Tous mes fens font glacés !

Un défefpoir profond eft tout ce qui me refte.

FLORE.

O Lys, fource de mes douleurs,

Tout fuccombe avec toi, tout reffent tes malheurs.

> Vois ta rofe fidelle
>
> Lutter avec effort
>
> Contre la main cruelle
>
> Qui conjure ta mort.
>
> Cette tendre victime
>
> En a pâli d'effroi ;
>
> Mais l'amour qui l'anime,
>
> La foutient près de toi.

LE DIEU DE LA SEINE *vivement.*

Nymphes, fufpendez votre courfe.

Que mes bords ébranlés jufqu'en leurs fondemens,
Que mes flots agités remontant vers leur fource,
Rempliffent l'Univers de nos gémiffemens.

SCENE VII.

FLORE, LE DIEU DE LA SEINE, NYMPHES,
COMPAGNES DE FLORE.

LE CHŒUR.

REmpliffons l'Univers de nos gémiffemens.

UNE NYMPHE.

Que de Cyprès on fe couronne ;

L'ombre du trépas environne

L'objet des plus vifs fentimens.

LE CHOEUR.

Rempliffons l'Univers de nos gémiffemens.

UNE COMPAGNE DE FLORE.

Flore te demande la vie,

Viens ranimer fa fleur chérie,

Zéphyr, s'il en eft encor tems.

LE CHOEUR.

Rempliffons l'Univers de nos gémiffemens.

FLORE.

Vers un Dieu plus puiffant, il faut tourner nos

    plaintes.

Phébus feul peut changer en larmes de plaifirs

    Des pleurs, fruits amers de nos craintes:

Amour, jufqu'à fon trône élève nos foupirs.

FLORE. LE DIEU DE LA SEINE. LE CHOEUR.

Toi qui vois à ton char la Nature affervie,

Soleil, fans ton fecours cet empire eft détruit:

Lance tes feux vainqueurs, principe de la vie;

Que ce jour ne foit pas une éternelle nuit.

FLORE.

Relève cette illuftre tige.

LE DIEU DE LA SEINE.

Exauce tant de vœux divers.

(ENSEMBLE.)

Dieu puiſſant, tu dois un prodige

Aux deſirs de tout l'Univers.

(TOUS.)

Toi qui vois à ton char la Nature aſſervie,

Soleil, ſans ton ſecours cet empire eſt détruit :

Lance tes feux vainqueurs, principe de la vie ;

Que ce jour ne ſoit pas une éternelle nuit.

(*L'obſcurité qui couvroit le Théâtre ſe diſſipe.*)

FLORE.

Heureux Augure !

Le Ciel s'épure ;

Phébus ſignale ſon pouvoir :

Et ces nouveaux rayons, charme de la Nature,

Sont pour nous des rayons d'eſpoir.

LE CHOEUR.

Heureux Augure !

(*Phébus deſcend ſur un Char de feu.*)

FLORE.

Adorons ſes bontés ;

Il nous exauce, il nous aime ;

LE LYS,

A nos regards enchantés

Ce Dieu se montre lui-même.

LE CHOEUR.

Adorons sa bonté.

SCENE VIII.

PHEBUS, *& les mêmes Acteurs.*

PHEBUS.

DAns mon cours immortel vos vœux m'ont arrêté.

Mon aspect doit calmer votre douleur profonde,

Nymphes, revivez, l'œil du Monde

Veille à votre félicité.

Que ce Lys trop longtems arrosé de vos larmes

Se ranime à mon feu divin.

Flore, pour payer tes allarmes,

Je veux qu'il te doive ses charmes,

Et qu'il renaisse dans ton sein.

FLORE *s'approchant du Lys.*

Ne trompez pas, grands Dieux, ma timide espérance....
Il renaît!

LE DIEU DE LA SEINE.

O prodige!

FLORE.

O divine affiftance !

Mon cœur eft bien payé des maux qu'il a foufferts.

LE DIEU DE LA SEINE.

J'en partageois la violence ;

Je ne pourrai fuffire à mes tranfports divers.

ENSEMBLE.

O divine affiftance !

LE CHOEUR.

O divine affiftance !

FLORE.

Ame de l'Univers,

Tout reffent ta puiffance ;

Que la reconnoiffance

Anime nos concerts.

LE CHOEUR.

Ame de l'Univers &c.

PHEBUS.

De vos bords pour toujours j'affurerai fa gloire ;

C'eft peu de mes premiers bienfaits.

Qu'un prodige nouveau dans vos cœurs fatisfaits

En éternife la mémoire ,

Et prévienne tous vos regrets.

O puiſſante Cybelle, ô fille que j'adore,

Ouvre ton ſein fécond, c'eſt Phébus qui t'implore.

(La terre s'émeut.)

Protège ce Lys fortuné ;

Met ſa tige pompeuſe à l'abri de la foudre :

Il nâquit ; il renaît pour être couronné ;

O terre, c'eſt à toi d'abſoudre

Le crime du Deſtin contre lui ſe déchaîne.

(La Terre produit un Laurier qui couronne le Lys.)

LE CHOEUR.

Que la reconnoiſſance,

Anime nos concerts.

FLORE.

Tous les plaiſirs me ſont offerts.

Pardonne, ô mon appui, pardonne à mon ſilence.

PHEBUS.

Mes bienfaits ſont comblés, & vos vœux ſont remplis.

Je remonte au ſéjour où la gloire m'appelle ;

Mais dans ma carriere éternelle,

Je jure de veiller ſur l'Empire du Lys.

LE CHOEUR.

Ame de l'Univers

Tout reſſent ta puiſſance.

Que

Que la reconnoiſſance

Anime nos concerts.

(Phébus remonte aux Cieux aux acclamations du Chœur.)

SCENE DERNIERE.

Les mêmes Acteurs excepté Phébus.

FLORE.

JE revois donc ce que j'adore !

Goutons bien ce moment flateur,

La terre a vû plus d'une fleur

Naître des larmes de l'Aurore,

Mon Lys ſeul jouit de l'honneur

De renaître des pleurs de Flore ;

Goutons bien ce moment flatteur,

Je revois tout ce que j'adore.

LE DIEU DE LA SEINE.

Chantez, chantez ce beau jour,

Habitans de ce rivage ;

Le plaiſir eſt de retour.

Ah ! c'eſt trop peu d'un langage

Pour célébrer notre amour.

LE CHŒUR.

Chantons, chantons ce beau jour ;
Sur ce fortuné rivage
Le plaisir est de retour.
Ah ! c'est trop peu d'un langage
Pour célébrer notre amour.

UNE NYMPHE.

Après un cruel orage,
Que le calme paroît beau !
L'on voit le Ciel sans nuage
Briller d'un Azur nouveau.
Les tempêtes passagères
Font place aux tendres Zéphirs ;
Et sur leurs aîles légères
Volent les plus doux plaisirs.

UNE COMPAGNE DE FLORE.

Rose la plus belle
De ces bords fleuris,
Zéphir de son aîle
Flatte, & renouvelle
Tes appas chéris ;
Pour prix de ton zèle,
Deviens immortelle
Ainsi que ton Lys.

FLORE ET LE DIEU DE LA SEINE.

Jouiſſons de notre victoire.

Nos ſoupirs ont ſauvé ce Couple précieux.

Qu'il régne en tous les cœurs, qu'il brille à tous les yeux;

Et que ſes rejettons cultivés par la gloire

Ombragent le ſéjour des Dieux.

LE CHOEUR.

Qu'il régne en tous les cœurs, qu'il brille à tous les yeux.

FIN.

Lû & approuvé ce 30 Août 1752. CREBILLON.

Vû l'Approbation, permis d'imprimer, à la charge de l'Enregiſtrement, ce 31. Août 1752. BERRYER.

Regiſtré ſur le Regiſtre de la Communauté des Libraires & Imprimeurs de Paris, N°. 3532. conformément aux Réglemens, & notamment à l'Arrêt du Conſeil du 10 Juillet 1745. A Paris, le 5 Septembre 1752.

J. HERISSANT, *Adjoint.*

* 9 7 8 2 3 2 9 6 3 4 4 4 9 *